www.nilpferd.at
www.ggverlag.at

ISBN 987 3 7074 5186 3

Gesetzt in der aktuell gültigen Rechtschreibung.
Hergestellt in Europa.
Papier aus verantwortungsvoll bewirtschafteten Quellen.

1. Auflage 2017

Text und Illustration: Willy Puchner, willypuchner.com
Gestaltung/Satz: Willy Puchner und Silvia Wahrstätter, buchgestaltung.at
Gesamtherstellung: Imprint, Ljubljana

© 2017 G&G Verlagsgesellschaft mbH, Wien
Alle Rechte vorbehalten. Jede Art der Vervielfältigung, auch die des auszugsweisen Nachdrucks, der fotomechanischen Wiedergabe sowie der Einspeicherung und Verarbeitung in elektronische Systeme, gesetzlich verboten. Aus Umweltschutzgründen wurde dieses Buch auf chlorfrei gebleichtem Papier gedruckt.

Willy Puchners
Fabelhaftes Meer

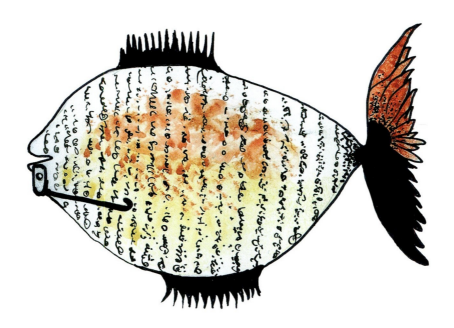

Als Kind lebte ich in einer Kleinstadt.
Mit vierzehn Jahren sah ich zum ersten Mal das Meer.
Bis dahin träumte ich vom großen Ozean,
von Schiffen, Meerestieren und Inseln.
Ich wünschte mir, einmal dorthin zu reisen,
stellte mir an diesen Orten ein
außergewöhnliches Leben vor,
ein Leben von wunderbaren Menschen,
kostbaren Pflanzen und fabelhaften Tieren.
Ich verklärte das Meer,
und das mache ich bisweilen auch noch heute.
Ich sehne mich fortwährend nach dem Ozean,
fühle, dass ich gerade von Wasser umgeben bin
und dass ich im nächsten Augenblick
an Land gehen werde.

Ich sammle das Meer in kleinen Bildern: Briefmarken, Postkarten, Zeichnungen oder Fotografien. Am allerliebsten habe ich diese Dinge,

Fernweh

Red Crab

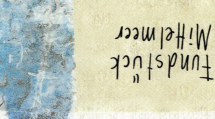

Fundstück Mittelmeer

Fundstück
Atlantik

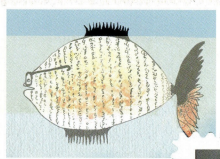

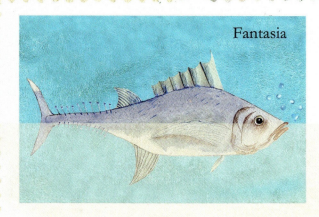

wenn sie schon viele Jahre am Strand gelegen
sind und vom Meer angeschwemmt wurden,
wenn ich spüre, dass sie Teil des Meeres sind.

Meine Flaschenpost steckt in einem schwimmfähigen Gefäß, in einer gut verschlossenen Flasche, die ich mit geheimen Gedanken übers Meer reisen lasse. Begleitet wird sie von der Hoffnung, dass irgendjemand sie findet, dem ich damit eine Freude machen kann. Begleitet wird sie auch von außergewöhnlich schönen Fischen, Reisegefährten, die sich über die Flaschenpost amüsieren.

Meeresstille!
Aus den Wellen
taucht hervor aukluges Fischlein,
wärmt das Köpfchen in der Sonne,
plätschert lustig mit dem Schwänzchen.
(Heinrich Heine)

Sogar die Rede aller Fische,
was sie nicht ergründen,
ist unergründlich.
(Friedrich Nietzsche)

Ich bin du Zitatfisch

Ich bin ein Fisch
mit heißem Blute
und schwatzendem Maule
(Heinrich Heine)

Der fette Fisch fühlt
sich im Meer wohl,
er fühlt sich im Wasser
wohler als am Strand.

Der Flaschenfisch hat immer seine Flasche dabei.
Was er in diese hineingefüllt hat,
weiß niemand so genau,
aber jeder vermutet Ähnliches.
Er lacht den ganzen Tag.

Der Ökofisch kann sich nicht entspannen.
Kritisch und sorgenvoll betrachtet er alles,
was ins Wasser fällt.

Der Federfisch ist eitel wie ein Pfau.
Stets versucht er die Aufmerksamkeit
auf seine Federn zu lenken.

Der Blumenfisch lebt gerne unter Pflanzen:
Meereslilien, Seeanemonen, Grünalgen, Seegras
und Meerlattich sind sein Zufluchtsort.
Natur macht ihn sehr glücklich.

Der Himmelfisch liebt den Himmel
mehr als das Wasser.
Den ganzen Tag schaut er nach oben,
ob Wolken vorbeiziehen
Am liebsten hat er es wolkenlos.

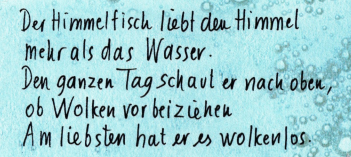

Der Sportfisch fühlt sich sportlich
und möchte jedem zeigen, wie sportlich er ist.
Er schwimmt entlang des Strandes auf und ab.

Der Kapperlfisch steht auf dem Strand
mit seinem Kapperl, das ihn vor der Sonne schützt.
Er trägt eine enge schwarze Badehose
und lässt sich gerne bewundern.

Der Lesefisch liebt Buchstaben mehr als Plankton.
Er denkt nur an Bücher, Illustrierte
und an die Sonne.

Das Meer ist nicht nur für Strandgänger oder Romantiker, die die Weite lieben. Es ist auch ein sportlicher Ort. Hier wird geschwommen und in die Tiefe getaucht, mit Booten und auf Wasserscootern gefahren oder gesurft. Träumer hingegen haben ihre eigene Regatta, eine Wettfahrt mit Phantasie und vielen Wünschen.

TEATRO MARE

Das Teatro Mare ist ein Figurentheater der besonderen Art. Die Darsteller sind ausschließlich Fische, die über das Meer berichten. Ein Lieblingsstück ist das Märchen vom unendlichen Reichtum der Ozeane. In dem Schauspiel klagen, wimmern und seufzen die Fische, weil sie Angst haben, irgendwann zu verschwinden. Im Hintergrund hört man das Brausen der Meereswellen.

Möwen sind Küstenvögel.
Wenn sie aufgewühlt sind,
schreien, tschilpen und
rucksen sie. Sie sind lautstark,
gesellig und gleiten wie Segelflieger,
auch bei starkem Wind.
Und sie sind schaulustig!
Wenn etwas Außerordentliches
zu sehen ist, sind sie alle da
und kreischen, jodlen, jauchzen
und stürzen sich in die Tiefe.

Ich träume oft vom Meer. Wenn hohe Wellen über mich im Traum hinwegrollen, verspüre ich die Kraft des Lebens, aber auch Angst. Wenn ich übers Meer fahre, ist mir eine ruhige Schiffsreise am liebsten. Da ich sehr leicht seekrank werde, schaue ich mir hohe Wellen gerne aus einer gewissen Distanz an, am allerliebsten sehe ich sie in Filmen oder auf Fotografien.

maro, ocano, meri,
mooir, moana, tai, 海, zee,
sjó, mahhav, more, mar, solwara,
More, deniz, tanger, hái, mòr, sea,
Meer, det, 바다, 바다, mamauta, lamara, itsaso, mor,
ДИНГЕЗ, itsaso, mor, море, 海, hav, sea, ailhuicatl,
sjó, maro, ocano, meri, meri, meri, sjogvur, meri, lac, deniz, tanger,
mare, maro, ocano, πέλαγος, ima, θάλασσα, laue, kai, see, k'ak'na
solwara, ロ, laut, farraige, fulwandu, sjór, 바다, neiñ, θάλασσα,
lamara, egir, mare, 海, mar, 바다, mor, behr, jūra, mare, எம3,
Meer, det, 漢字, faarkey, mooir, moana, tai, 八海, mamauta, lama
lac, deniz, hueyatl, ailhuicatl, zee, iyited, hav, sjó, Meer, det,
kai, see, mar, morze, mare, mope, fairge, muir, hai, ДИНГЕЗ, itsa
meri, meri, More, deniz, tanger, hái, mòr,
maro, ocano, mope, lamara, itsaso, mor, zee,
mor, behr, sea, ailhuicatl,
meri, lac, deniz,

amè,
ðný,
ulwandle, sjór,
t, mamaquta,
r, mope, 海,
sjógvur, meri,

Eine Wolke schwebt über dem Meer. In vielen Sprachen ist das Wort „Meer" in den Wind geschrieben. Es ist faszinierend, dass ein und dasselbe so unterschiedlich benannt wird. Man nimmt an, dass vor vielen Jahren nur wenige Sprachen gesprochen wurden, heute sind es einige Tausend, so wie das Meer selbst auf unterschiedliche Art und Weise spricht, uns etwas mitteilt. Es kann wild, stürmisch, tosend oder still sein, seicht oder tief, hell, dunkel, gefährlich oder entspannt, blau, grau, braun, türkis und manchmal auch grün.

Es war einmal eine Zeit, da stellten sich die Menschen die Welt als Scheibe vor. Bis an den Rand der Erde reichte das Meer. Aber nicht nur das: Im Ozean lebten viele Seeungeheuer, marine Monster, die den Kapitänen und Matrosen feindlich gesinnt waren, Lebewesen, die Schiffe angriffen und Seeleute verschlangen. Mir diese Seeungeheuer auszumalen, bereitet mir große Freude. Ich liebe Phantasietiere! Sie können stark, grob, hässlich, aber auch bezaubernd und wunderschön sein.

Die Welt der Korallen ist bunt, schillernd und formvollendet. Das Übermaß an Farben wirkt märchenhaft. Die wenigen Male, die ich sie sehen durfte, erschien mir die Landschaft unter Wasser unwirklich. Eingetaucht in diesen Kosmos vergaß ich alles um mich herum. Ich schaute und staunte. Wenn der Mensch so schaffen sollte, diese schöne Welt zu ruinieren, dann zerstört er auch einen Teil von sich selbst.

Wenn ich in die Tiefe des Meeres abtauche, brauche ich neben meinem U-Boot unbedingt ein bewegliches Panoramafernrohr, um nach allen Richtungen Ausschau zu halten. Wenn der Rumpf mit einem Glasfenster versehen und mit Meerwasser gefüllt ist, erreiche ich die größtmögliche Tarnung, die ich noch verstärken kann, wenn ich zwei Fische im Rumpf schwimmen lasse. Das Glasauge des U-Bootes sollte ebenfalls beweglich sein, damit Unterwasserlebewesen mich für eine Meereskreatur halten. Am Heck wird eine pflanzenartige Flosse montiert, die Meerespflanzenduft versprüht. All das soll dazu dienen, dass ich auf sichere Art und Weise untertauchen kann.

Wir sind eine Gruppe
von Seefedern.
Wir schauen aus wie Blumen,
aber wir sind Tiere.
Wir können über
einen Meter hoch werden.
Im Dunkeln leuchten wir!

Ich bin eine spanische Tänzerin.
Wenn ich mich im Wasser bewege,
schaue ich aus, als würde ich mit
meinem Kleid Flamenco tanzen.

Ich bin Pickerus curiosus
und beobachte die Tiere
mit großer Neugier.

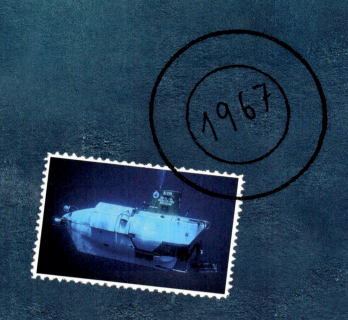

1967 attackierte ein Schwertfisch das Tiefsee-U-Boot „Alvin" in einer Tiefe von 600 Metern. Die Alvin musste auftauchen und trug den Fisch in der Außenhaut bis zur Oberfläche.

Ich bin Nautilus, ein Kopffüßer, und lebe in 500 Meter Tiefe. Eigentlich bin ich ein lebendes Fossil – ich existierte schon vor Millionen von Jahren.

Ich bin der Viperfisch. Meine Augen sind eine Art „Scheinwerfer". Bevor ich zuschnappe, leuchte ich meine Beute an.

Das Meer ist der Ort des Fressens und Gefressenwerdens. Kleine Fische bilden oft einen Schwarm, der aus Millionen von Fischen besteht und bis zu fünf Kilometer lang werden kann. Sardinen zum Beispiel erzeugen einen außerordentlich aromatischen Duft, der viele Raubfische anlockt, auch Haie, Delphine, Wale und Robben. Für die Räuber wird der Fischschwarm zu einem köstlichen Bankett, einem Festmahl ohnegleichen. Kleinere Schwärme arbeiten nach dem gleichen Prinzip wie Millionenschwärme. Synchronität ist ihre Hoffnung: gleichzeitig, gleichlaufend und alle zusammen...

Elefanten können zwei bis fünf Tonnen wiegen.
Manchmal trotten sie langsam ins Meer.

Zuhause angekommen, träume ich vom Meer.
Mein Wohnzimmer ist dekoriert mit Fossilien,
einer Meereskrabbe und einem Delphin aus Plastik,
Papierbooten, Muscheln, Bildern und einem Fisch
unter einem großen Glas.
Ob mein Kater auch einmal
ans Meer reisen wird?